달이 달다

리토피아포에지 · 168
달이 달다
인쇄 2025. 8 25 발행 2025. 8. 30
지은이 이성필 펴낸이 정기옥
펴낸곳 리토피아
출판등록 2006. 6. 15. 제2006-12호
주소 21315 인천광역시 부평구 평천로255번길 13, 부평테크노파크M2 903호
전화 032-883-5356 전송032-891-5356
홈페이지 www.litopia21.com 전자우편 litopia999@naver.com

ISBN-978-89-6412-209-9 03810

값 12,000원

* 이 시집은 리토피아의 기획시집입니다.
* 이 책의 판권은 지은이와 리토피아에 있습니다.
* 잘못 만들어진 책은 바꿔 드립니다.

이성필 시집
달이 달다

시인의 말

  물거품은 물의 거품이다. 시는 시인의 거품이다.
  시가 본질을 잘 들어낼 수 있을까 하는 생각이 들곤 한다. 드러내는 일, 비누를 손에 발라 거품을 내는 일.
  속의 갈증을 비벼내는 일. 여기 좀 보세요, 하며 피는 거품.
  거품은 모아도 거품이지만, 그 먼 어느 날부터 그 먼 어느 날까지, 거품은 피었다가 지고 피고 지고 피겠다.

  감사드린다. 풀과 꽃과 돌과 나무와 언제나 길에게 내게 시를 주는 세상의 모든 물상에게 떠나간 사람에게 인연에게 돌이킬 수 없는 일에게 노을에게 산에게 절벽 난간에 걸린 기대지마시오 경고문구에 유한에게 강에게 마을의 지붕에게.

2025년 7월 이성필

차례

제1부

드르륵	17
오독誤讀	18
부슬비 오는 날에	19
꽝이거나 쾅이거나	20
밥 좀 먹자	22
버드나무집	23
산책	24
어쩌다가	25
손님	26
산길	27
10년·2	28
풀이 자란다	29
탐닉	30
이름은 모르겠지만	31

제2부

꿈속에서 죽었다   *35*
빽다방   *36*
시계는 없어도 산다   *37*
팽팽하다   *38*
엘리베이터   *39*
쉬세요 주무세요   *40*
바다에서   *43*
부럽습니다   *44*
바람의 시원   *45*
새우젓을 고르다가   *46*
나팔꽃   *47*
뿌리   *48*
소래산 꼭대기에서   *49*
벼랑길 꽃   *50*

제3부

눈꽃길에서	53
죽어도 영원할 거 같았다	54
장모님 점집	55
본다	56
붓으로 산길을 쓸어 놓았다	57
제사	58
거룩한 아내	59
종이	60
국화주	61
누가 내 이름을 지운다	62
자월도에서	63
리와인드 rewind	64
송도松島	66
절마다 절이 있다	67
가을을 놓친다	68

제4부

축제	71
들꽃이 내게	72
날파리 파수꾼	73
새들이 날면 신들이 온다	74
국밥이 시다	75
옷을 갈아입는다	76
개망초	77
비 오는 날	78
노인과 바다	79
문학산에서	80
제상	81
결국이라는 동토凍土	82
이름이 흩날린다	83
공든 탑을 쌓는다	84

제5부

상처 87
유효기간 권고사항 88
꽃밭에 앉아서 89
구름이 울고 있네 90
한약 91
열대야 92
달이 달다 93
다 와 가는 집 94
장미의 혁명 95
문장의 길 96
아무렇지 않게 늙다 97
쳇바퀴 98
하늘 어머니 99

해설 | 안성덕 농담으로 그린 그림 101
  ―이성필의 시세계

| 제1부 |

드르륵

드르륵,
병뚜껑 열리는 그 소리가
좋아서 소주를 시킨다.

드르륵,
소주병 따는 그 소리에
익어서 소주를 마신다.

습관이 오래되면 관습이다.

드르륵,
저녁마다 나의 관습을 연다.

안주 놓고
살아있는 제祭를 지낸다.

오독誤讀

지나간다.
오늘도 나는 누군가에게 잘못 읽힌다.
괜찮다, 누군가도 지나갈 거니까.

한때 누군가를 뼛속까지 읽은 적,
있나? 지나갔다.
지나가지 않는다면 그리울 게 뭐 있겠나.

흐릿해야 안경을 쓰지.
잘 읽히는 시를 쓰지.
정확하게가 아니라 가까이 보려고 산을 간다.
산 위에서 먼 데를 본다.

나, 누군가에게 정독으로 읽힌 적 있나?
지나간다.

부슬비 오는 날에

선조들이 꾹꾹 눌러 밟고 가신 길을
이번엔 내가 꾹꾹 꾹꾹 밟으며 간다.

날이 흐려야 이 길이 보인다.
고독이 깊어야지 이 길이 보인다.

선조들이 뚝뚝 가슴 저리며 가신 길을
오늘은 내가 뚝뚝 뚝뚝 가슴 적시며 간다.

선조들이 가시고 없는 날에
부슬비 오는 날에 선조들이 보인다.

꽝이거나 쾅이거나

주택복권이 있었다.
아버지는 매주 한두 장씩 샀다.
빠지지 않고 사도,
복 없이 늘 꽝이었다.

그래도 열심히 살아서,
집 한 채는 마련했는데,
아들이 사업 담보로 말아먹었다.
인생도 꽝이었다.

추석 전날,
아버지 계신 곳에 갔다.
예약 순서대로 들이는 봉안당,
딱 눈높이에 들어앉으신 아버지.

그 로열층 집에,
누가 다녀갔는지,
꽃 두 송이 달려 있다.

나도 꽃 한 송이 달았다.

로열층에 집도 당첨되고,
꽃에 가려 얼굴도 잘 안 보이고,
아버지, 죽어 성공하셨네.
살아 못 이룬 꿈 쾅, 이루셨네.

밥 좀 먹자

벽을 보고 앉아 있는데 김 시인이,
집 밖으로 나와서 집을 보라고 한다.
능선을 타고 한참 산을 오르는데 박 선장이,
이제 그만 내려와서 바다로 와 보라고 한다.
왜, 벽엔 뭐가 없어서.
산에는 먹을 게 없어서.

바지락을 넣고 된장찌개를 끓이는 중인데 차 셰프가,
그것보단 봉골레 파스타가 어떻겠냐고 묻는다.
하루를 마치고 술 한 잔 하고 있는데 권 권사가,
교회 좀 나오시란다.
왜, 왜, 저기는 여기를 끌지.
자꾸 잡아당기지.

지금 TV에서 나는 자연인이다가 방송 중이다.
원래 사람은 자연인인데 자연에 사는 게 신기하단다.

버드나무집

버드나무도 없는데 버드나무집이다.
푸른 사연 늘어진 버드나무가 있었을까.
기약 없이 많은 날 버드나무를 좋아했나.
버드나무가 없는데 버드나무집이다.

버드나무집에 사람들이 찾아온다.
버드나무집도 아닌데 버드나무집에 간다.
막걸리에 두부김치를 옛날처럼 먹는다.
조개탕을 끓이면서 맑은 소주를 들이켠다.

버드나무집에 버드나무가 없다.
버드나무가 없는데 버드나무가 자란다.
버드나무집 사람들 버드나무 얘기를 한다.
버드나무 안주에 버드나무 술이다.

산책

달력이 없고 아침 점심 저녁만 있다면
자고 나면 되풀이되는 아침 점심 저녁
어제 어땠어요, 묻는 사람이 없는 세상

시계도 없고 아침 점심 저녁만 있다면
산책길을 기린처럼 천천히 걸을 텐데
내일은 뭐 하세요, 질문도 안 하는 세상

봄 여름 가을 겨울 계절 구분이 없다면
꽃 피는 무더운 추운 오늘만 있는 세계
그때가 좋았어요, 추억 더듬지 않는 생각

단지 명징한 아침 점심 저녁만 있어서
이별의 상처가 옆구리를 파고들지 않는
긴 후회는 없고 짧은 반성만 있는 하루

오롯이 환한 아침 점심 저녁만 있다면
다음에 라고 뿌리치는 말약속은 없겠지
아침 점심 저녁 세끼에만 집중하는 삶

어쩌다가

신발이 찢어져서 맨발로 걷습니다.
가슴이 찢어지게 아픈 돌길입니다.
산새도 나무도 바람도 슬피 웁니다.
비 오는 산길에 어쩌다가 어쩌다가.

신발을 둘러메고 산길을 걷습니다.
돌 같은 후회가 가슴이 무겁습니다.
어쩌다가 어쩌다가 죄를 샀을까요.
어쩌다가 어쩌다가 벌이 됐을까요.

두 손이 아니라 한 발이 됐습니다.
아무런 가지도 잡을 수가 없습니다.
비 오는 산길을 출렁출렁 걷습니다.
맨발을 참으며 어쩌다가 어쩌다가.

손님

가게 바닥이 몇 군데 꺼졌다.
오래돼서 허리가 굽었다.
그 자리에 손님이 앉으며 한마디 한다.
여기 고쳐야겠네요.
거기가 가장 좋은 자리였답니다.

마침 그때,
기역자로 허리가 굽은 할머니가,
열어놓은 가게 문 앞을,
유모차를 밀며 지나간다.
이 세상 손님이시다.

산길

나무뿌리를 밟지 않으려고 피해서 돌을 딛는다.
돌에게는 안 미안한가.

개에게는 미안하고 소에게는 안 미안한가.
꽃에게는 미안하고 풀에게는 안 미안한가.

아침 산길
이슬이 매달린 잎들이 깰까 봐 기침을 참는다.

10년·2

쏟아지는 햇살의 편린들이 나를 어지럽혔어.
보도블럭 거리를 구름인 듯 푹푹 빠지며 걸었지.
밟히는 게 없는 물 위를 젖지 않으려고 버텼어.
오래된 미루나무는 하루종일 붕붕거렸지.

별 볼 일 없는 앙드레 지드는 도수 높은 안경을 썼지.
지워진다는 건 다행이야 죽기도 힘든 날이 가고 있어.
그리고 그렇게 그리고의 순간들 저만치서 여름비가 왔지.
나는 믿지 않았지 어떤이나 무슨이나 어쨌든으로.

피어나는 농담의 검은 점성이 몸을 물들이는 저녁.
동그란 탄성 포장 공원길을 나는 어지럽게 돌고 있어.
가끔 여기가 어딘지 모르겠어 우주 은하 태양계.
지구 대한민국 인천 미추홀구 용현동 산59번지, 맞나.

풀이 자란다

내가 지나온 길에는 풀이 자란다.
아무도 따라오지 못하게 풀이 자란다.

내가 지나간 자리에는 풀이 자란다.
누구도 기억하지 못하게 풀이 자란다.

내 발자국을 풀이 덮는다.
내 기침소리를 풀이 덮는다.

내가 지나간 길에는 풀이 자란다.
내가 지나온 자리에는 풀이 자란다.

나는 가고 가기만 할 뿐 무엇도 남지 않는다.
종종 새들이 울 뿐 아무것도 달라지지 않는다.

내 슬픔을 풀이 덮는다.
내 사랑을 풀이 덮는다.

탐닉

아침,
알람이 운다.

오 분 간격으로 세 번 맞추어 놓은
핸드폰이다.

일어나지 않고
세 번의 오 분을 질질 즐긴다.

그래 봤자 십오 분,
그 안에 탐닉이 끝난다.

이름은 모르겠지만

생강나무인지 산수유인지
산길에 노랑꽃나무.

생강나무 가지에선 생강 냄새가 난다는데
생가지를 꺾어볼 수도 없고.

갈대인지 억새인지
들길에서 흔들리는 풀.

억새는 바람이 불면 제 이름을 부른다는데
잠자는 바람을 깨울 수도 없고.

무슨 꽃인지 무슨 풀인지
이름은 모르겠지만.

산길에서 들길에서
피면서 흔들리면서 산다.

| 제2부 |

꿈속에서 죽었다

조금씩 모자란 꿈을 꾸었다.
열 개가 필요한데 아홉 개밖에 없었다.
다섯 개가 있어야 하는데 네 개밖에 없었다.
늘 조금씩 부족했고 가진 모든 것을 주었다.

모자라게 주어서 주고 나면 죽었다.
줄 때마다 조금씩 부족해서 죽었다.
죽고 다시 태어나면 울었다.
두 개가 필요한데 늘 한 개였다.

죽으면 모자라게 태어났다.
태어나면 부족해서 죽었다.
부족한 전부를 주었고 전부가 모자라서 죽었다.
꿈에서도 꿈이 슬펐고 깨어나서도 꿈이 슬펐다.

빽다방

내 앞자리에 누가 와서 앉는다.
얼굴 익을 만하니까 자리를 뜬다.
그 빈자리에 누가 와서 앉는다.
혼자 말을 한참 하다가 떠난다.
그 자리에 누가 또 와 앉는다.
일어나 물오리처럼 날아간다.
내가 너무 오래 살았나?
깊었나? 하는 생각이 든다.
앞자리에 와 앉고 앉았다가는 떠난다.
늘 누가 앉는데 늘 빈자리다.
빽다방 달달한 원조커피 같은,
말로만 받은 약속들이 가득하다.

시계는 없어도 산다

생각나서 그냥 연락하고픈
사람이 있었으면 좋겠다.

목적 없이도 연락을 해주는
사람이 있었으면 좋겠다.

시계도 전화도 귀해 첫눈 오는 날에
역전 시계탑 앞에서 만나자던 약속.

하얀 그리움은 어디에서 죽었나.
하얀 날들이 가고 햇볕 뜨거운 날.

들여다보는 핸드폰에 당신들의 이름.
누르면 천만리라도 달려갈 번호들.

생각 없이 술 한잔하자고 나의 생을
쪼개 달라고 할 사람이 있으면 좋겠다.

팽팽하다

삶도 죽음이 있고 슬픔도 기쁨이 있어 팽팽하다.
절규와 탄식도 안도와 평화가 있어 팽팽하다.
햇볕도 바람도 들숨 날숨으로 왕래하며 팽팽하다.

너와 나 우리들의 간극은 팽팽하다.
당기며 밀어내며 언제나 팽팽하다.

사랑은 한 발짝 가까이 늘어지기도 하여 팽팽하다.
사랑은 화들짝 멀찍이 뒷걸음치기도 하여 팽팽하다.
하늘 땅 외로움 한 그루 심어놓고 천년 팽팽하다.

엘리베이터

어제 엘리베이터가 고장 나서 아내랑 갇혔다.
오늘도 그 엘리베이터를 타고 아내에게 말했다.
오늘도 갇히면 우리 운명이다.
운명은 아니야.
그래, 운명은 아니고 인연이다.
뭐, 이년이라고.
진담처럼 농담을 했다.
농담 같은 진담을 했다.
엘리베이터가 우리 집 층에 멈춰 서서 입을 열었다.
그만들 들어가라.
아내가 내게 가끔 하는 말이 속으로 생각났다.
시끄러.

쉬세요 주무세요

가게를 마치고
집에 들어와서
늦은 저녁을 먹을 때

가끔 아내에게
장모님한테서
심심한 전화가 온다

일은 끝났느냐
별일 없느냐
애들은 잘 있느냐

네, 저녁 먹어요
별일 없어요
잘 지내요

오늘도 비슷한 이야기가
수화기 어깨 너머로

살살 들리는데

늘 아내의 마지막 인사는
엄마 이제 쉬세요
주무세요, 인데

갑자기,
쉬세요 주무세요
저 쉬운 말을

나는 왜 엄마에게
못했을까
밥을 먹다 멈춘다

엄마 이제 쉬세요
주무세요
저 가벼운 인사를
〉

엄마 중환자실에서
엄마 입관入棺할 때
엄마 화장火葬할 때

나는 왜 못했을까
엄마 이제 쉬세요
주무세요

바다에서

노을이었던 하루가 진다.
서편이었던 하루.
힘들어도, 더워도, 깔깔 웃어도, 악몽의 새벽도
아무리 멀어도 노을이었던 것들.
점점 빨갛게 그러다가 컴컴하게
서편이었던 데로 툭,
참 잘 살았다.
한 끼 잘 먹었다 그런 생으로,
늘 즐거웠던 것인데
늘 염려했던 것이다.

바다는 그리워 파도친다.

부럽습니다

 버스에서 왕을 만났습니다. 남루한 왕이 왕자와 왕비를 거느리고 차에 올랐습니다. 자리에 왕자를 앉히고 왕비를 앉히고 왕은 의자를 잡고 그 옆에 섰습니다. 버스가 움직이자 왕비가 왕의 허리를 껴안습니다. 손을 뻗어 왕의 등을 쓰다듬곤 합니다. 왕은 묵묵히 양손으로 의자를 잡고 왕자와 왕비를 지키며 서서 갑니다. 버스에 어엿한 왕이 있습니다. 환관처럼 나는 왕과 왕비의 손을 슬쩍슬쩍 훔쳐봅니다.

바람의 시원

누가 내 옆을 지나가는데 바람이 인다.
누가 내 곁을 지나치는데 바람이 분다.

천천히 불어 지나가는 미풍.
빠르게 불며 지나치는 강풍.

그렇구나,
사람이 지나갈 땐 바람이 부는구나.
누가 내 곁을 지나갈 때 바람이 이는구나.

그랬구나,
누가 내 옆을 지나가며 기우뚱 흔들렸구나.
누가 내 옆을 지나칠 때 바람이 불었구나.

보이지 않는 바람이 나였구나.
잡히지 않는 바람이 너였구나.

사랑이 지나가면서 바람이 생긴다.
바람의 시원은 너였다, 나였다.

새우젓을 고르다가

새우젓을 고르다가
새우 아닌 것들을 골라내자고
광장으로 나오라던
친구를 생각한다.

식당 주방 한쪽에서
오늘 쓸 새우젓을 고르다가
새우 같은 것들을 골라내다가
광장을 생각한다.

새우젓을 고르다가
새우 아닌 것을 골라내다가
새우 같은 것들을 골라내다가
가게 밖을 쳐다본다.

그럼,
이 새우젓은 누가 고르냐.
새우 아닌 것, 새우 같은 것들의
이름을 생각해본다.

나팔꽃

가만히 보라.
나만 힘든 게 아니다.
노을에 마을이 물드는데,
담벼락 오르는 꽃.

가만히 들어라.
나만 우는 게 아니다.
밤이면 주점에 불 켜지듯,
꽃망울 열리는 꽃.

가만히 읽어라.
나만 사는 게 아니다.
아침에 일어나 집 나서면,
이슬 머금고 피어있는 꽃.

뿌리

태초 경
먼 우주에서 한 무리 묻지마 관광팀이
패키지에는 없던 지구에 잠깐 들렸는데
가이드가 경비나 좀 챙겨보려고

무인도 지구에서 잠시 놀다가
한 남자와 한 여자가 뿌리가 맞았는데
뿌리가 잘 맞아서 두 사람 돌아가지 않고
지구에 남아 깊이 뿌리를 내렸다는데

버려진 것이 아니라 스스로 남은 것
우리의 원뿌리는 지구 밖 먼 어디였다는 것
그래서 밤이면 어둠 속 별을 그리워하며
자꾸만 뿌리를 박고 싶은 것

먼 옛적부터
남자와 여자가 낮밤 뿌리를 박았다는
그래서 우리는 밤낮 뿌리에 골몰한다는
그런 얘기 들은 적 있나?

소래산 꼭대기에서

다 에피소드나 해프닝이다.
저기 산 아래 보이는 지붕들.

이깟 것 이깟 것 하며 해발 299.4미터를,
죽을 듯이 올라와서 할딱거린다.

한순간 뜨거운 스캔들이었던 것,
이제는 지나간 로맨스가 된다.

벼랑길 꽃

제 노래만 불러주고 새가 날아간다.
제 모습만 보여주고 산이 돌아선다.

비탈길을 올라가다 꽃을 만났다.
얘도 가버릴까 봐 마음이 급하다.

급한 마음에 비탈길이 벼랑이 된다.
벼랑길에서 벼랑꽃이 피식 웃는다.

| 제3부 |

눈꽃 길에서

자꾸 파도가 허리를 건드리는
호룡곡산 산등성이 겨울 숲길에서
그대의 소식이 궁금했습니다.

언제인가 첫눈은 내려 빈 가지마다 몸을 붙이고
바람에도 떨어지지 않도록 꽁꽁 마음까지 얼린
어찌할 수 없는 꽃길에서 말입니다.

새소리도 없이 호젓한 산길에
터무니없이 보잘것없는 내가 놓여져
풍경을 구기고 있었습니다.

삶의 외길, 되돌아갈 수도 없어서
시린 손만 바스락바스락 비비며
대책 없이 그대의 안부가 그리웠습니다.

죽어도 영원할 거 같았다

   나는 영원하지 않지만 영원한 말 하나 주울 때 영원한 것 만질 때 나도 영원할 거 같았다.
   산길에서 들길에서 풀이 흔들리는 강가에서 꽃이 피고 지고 피는 게 항상 영원한 거 같았다.
   사랑이 그리움의 피로 온몸을 돌면서 눈과 심장을 데울 때 나의 영혼도 영원할 것만 같았다.
   나는 영원하지 않지만 영원한 사람 생각할 때 눈발이 흩날릴 때 그만 죽어도 영원할 거 같았다.

장모님 점집

장모님은 점집 텃밭을 매주고 오셨다.
서른여섯 아내가 점집 근황을 물었다.

우리집은 언제나 좋아질 거 같데요.
쉰 넘으면 핀단다.

엄마, 그때면 다 펴요.
그러라는 거란다.

쉰둘 아내가 점집 꽃밭에 앉아 있다.
장모님 꽃이 웃는다.

본다

읽어 본다 읽는 것도 보는 것이다.
그려 본다 그리는 것도 보는 것이다.
생각해 본다 생각도 보는 것이다.

사랑하는 것도 보는 것이다.
미워하는 것도 보는 것이다.
툭툭 차는 것도 보는 것이다.

붓으로 산길을 쓸어놓았다

누가 붓으로 산길을 쓸었다.
무슨 글인지 잘 정리해 놓았다.
내 눈에는 전혀 보이지 않는다.
누군가는 저 글씨를 읽을 것이다.

제사

젯밥 드시러 오시는지
휘청, 향 연기 흔들린다.

쓰러져 중환자실 요양원까지 7개월
그만그만하게 마지막을 가신 아버지.

겨우겨우 뒷바라지한 최선이
이제 보니 촛불의 밝음이다.

나물에 전 적 메 갱 과일
술 한 잔 올리는 게 내 전부인 일.

그래도 아들 보러 오시는지
훅, 향내가 굵다.

거룩한 아내

하늘에 우리를 긍휼히 여기신다는 거룩한 하나님이 계시다면,

땅에는 우리의 집과 밭을 어여삐 여기는 거룩한 아내가 있다.

하늘엔 하나님의 날들이 거룩한 눈으로 어둠 속에서 반짝이고,

땅에는 아내가 낳은 아이 그 아이가 낳은 어여쁜 아이가 있다.

땅에 묻혔는데 하늘 가셨다는 어머니는 거룩한 하나님 되셨나.

아내도 언젠가 하나님이 되면 어여쁜 아이를 긍휼히 여기려나.

집을 닦고 밭을 갈고 밥상 차려놓고 졸고 있는 거룩한 아내여.

종이

종이를 접으면 배가 되고 종이를 접으면 새가 되고,
접지 못하는 종이에는 누가 낙서만 남기고 떠납니다.

종이를 접으면 별이 뜨고 종이를 접으면 꽃이 피고,
접을수록 무늬가 깊어 여기가 어디쯤인지 모릅니다.

국화주

식탁에 국화꽃이 웃고 있다.
축제 마치고 막 온 꽃들.

향기가 너무 짙었나.
아내가 그 앞에서 꾸벅꾸벅 존다.

국화는 국화인데
국화인데 국화는

노랑꽃 국화 보라색 국화에
내년에도 아내는 저렇게 졸겠지.

아내가 가져다 놓은 맑은 잔치에
나는 하늘하늘 젖는다.

누가 내 이름을 지운다

창틀의 먼지를 털다가 생각한다.
사람과의 긴 먼지 같던 시간들.

누구는 만나면 술 먹고,
누구는 만나면 얘기하고,
누구는 만나면 산에 가고,

그와는 그것밖에 할 수 없는 사이였음을,
먼지로 쌓인 날들이라고 탁탁 털 일만은 아닌 것임을.

누구는 만나면 밥을 묻고,
누구는 만나면 강을 묻고,
누구는 만나면 말이 멈추는,

그와는 그것으로 가고 가면서 남아있음을,
마음에 쌓인 사람과의 시간이 털면 털어질 기억인가를.

창틀의 먼지를 털다가 눈이 아프다.
그와의 먼지들이 풀풀 날린다.

자월도에서

제 깐엔 여기서 제일 높다는
섬마다 똑같은 이름의 국사봉
야트막한 산길을 오르는데

저 아래 마을 유일한 교회에서
엿가락 같은 종소리가
일요일 오후를 따라 올라온다

뎅그렁
뎅그렁
뎅그렁 뎅

같이 가
같이 가
같이 가자고

리와인드 rewind

먼 우주 밖에서 누군가가
내 아내처럼 심심하게
TV 채널을 이리저리 돌리고 있다.

어느 해 여름, 산빛에 물든 마을 어귀에
늙은 미루나무 한 그루도 젖어 들고 있었는데
어디서 본 듯한 풍경이었다.

어젯밤, 왁자하게 술판이 깊어가는데
술김인지 모르겠지만 그 상황
언젠가 있었던 일 같았다.

먼 우주 밖에서
언뜻 보니 아이인데
게임하듯 나를 요리조리 보고 있다.

그러다가 이크, 나랑 눈이 마주쳤는데
혹, 저 녀석 엄마한테 혼날 것 같아서

내가 모른 척 슬쩍 눈을 돌린다.

먼발치에서 아내가 리모컨으로
보다가 졸다가 하면서
지난 드라마를 돌리고 있다.

송도松島

소나무도 별로 없고
섬도 아닌 땅
이름이 송도

그래도 옛날엔
그래 옛날엔
소나무 울창한 섬이었겠지

세월인가
눈을 속이고 있는 건
눈을 가리는 안개는 슬픔인가

그래 우리도
옛날엔 우리도
서로 좋아했다고

절마다 절이 있다

밤은 심심하다
저녁부터 심심하다
아내는 안방에서 딸은 딸의 방에서
나는 식탁에서 심심하다
각자란 자신
언제부터 우리는 공통에 얽매였나
자신이란 누구와도 함께할 수 없는 것인데
한방의 기찬 펀치를 기대했던 것인가

절마다 절이 있다
제 소원 하나씩 안고 와서 절을 한다
올망졸망 바람을 빈다
각자 두 손을 모은다
자신이란 각자 서야하는 것이지만
누군가의 희생으로 잠시 반짝이기도 했다
비슷비슷한 것들 굽어보며
밤이 어둠을 덧칠한다

아내는 티비 보고 딸은 카톡 하고
나는 술 마신다

가을을 놓친다

숲만 벗어나도
문밖으로 발만 내밀어도
너는, 잘 있으라며 웃고 있을 텐데
이별은 원래 슬픈 게 아니었다며
등 돌릴 텐데
나는 계절 깊숙이 숨어서
계절 밖으로 나가질 못한다
차가워진 빛의 소식을 식탁에 앉아 받는다
물보다 말끔한 네 얼굴을 물속에서 본다
'한 번쯤은 나도 울지 말아야지'
'늘 울 수는 없어' 하면서
네가 햇살 받으며 왔다고 해도
찬바람만 두고 곧 간다고 해도
두 눈 위에 손수건을 얹고
마음이 툭, 툭, 저물지만
이번에는 너를 안 듣고
보내야겠다
멈칫멈칫 가라고
멈칫멈칫 가라고

| 제4부 |

축제

물고기를 한평생 굽고 끓였으니 물고기의 밥이나 되자.
독수리를 이 생에 다스렸으니 독수리의 뜻에 따르리라.
살면서 불로 두꺼웠으니 불로써 얇아지는 게 당연하다.
허공에서 익은 뿌리 열매를 늘 먹었으니 땅에 떨어진다.

들꽃이 내게

들꽃이 피면서 내게 잘 봐 잘 봐 그랬는데,
들꽃이 지면서 내게 잘 봐 잘 봐 했었는데,
어스름 길에서 잘 봐 잘 봐 들꽃이 피다가,
새벽달 아래에서 잘 봐 잘 봐 들꽃이 진다.
잘 봐 잘 봐 들꽃의 말이 골목을 떠다닌다.
잘 봐 잘 봐 들꽃의 속말이 자꾸 생각난다.

날파리 파수꾼

산길을 가는데 날파리들이 자꾸 덤빈다.
손으로도 쫓고 수건으로 털어도 보지만,
날파리는 계속 참 징그럽게도 쫓아온다.

아니다, 그런 게 아니다. 가만 생각하니,
내가 날파리 동네를 몇 곳 지나온 거다.
아까 날파리가 지금의 날파리가 아니다.

산길을 걷는데 날파리들이 자꾸 덤빈다.
제 동네를 지키는 용감한 파수꾼들이다.
난 파수꾼을 제치며 마을들을 통과한다.

새들이 날면 신들이 온다

풀들이 짹짹거리면 새들이 깨어나 난다.
바람결에 잎새가 흔들리면 신들이 온다.

새들이 이 가지에서 저 가지로 날아간다.
신들이 저 나무에서 이 나무로 날아온다.

국밥이 시다

시 한 편 쓰면 하루가 가니 하루가 시 한 편이었던 거다.
국밥 먹으면서 지는 하루이니 하루가 국밥이었던 거다.
시 한 편 쓰자 하루를 사니 하루가 시 한 뚝배기를 준다.
하루를 한 수저 뜨니 미련과 후회 반성 추억이 뜨끈하다.

옷을 갈아입는다

꽃이 좋아 옷을 갈아입고 아이를 두고 집을 닫고 나온다.
어제저녁엔 풍도바람과 오늘은 동강할미와 사랑을 한다.
새들 때문에 약속을 깨고 거울 같은 애인을 돌에 던진다.
물수리 물을 만나고 하늘 날아가는 청둥오리와 교미한다.
꽃이 손 흔들며 불러서 새들이 자꾸 날아가 기차를 탄다.
새와 꽃들 사는 강으로 산과 들로 밭두렁 속으로 깃든다.
집으로 돌아와 몸에 묻은 꽃과 새를 털고 옷장을 펼친다.
이게 다 꽃이 한 거라고 새의 짓이라며 옷을 갈아입는다.

개망초

길이 낮이 익어서 설마설마 하면서 걸었네.
언덕길 위에 아물아물 꽃을 보면서 걸었네.
문득문득 가슴속에 피던 그 새하얀 꽃이네.
이승은 처음이라 이승의 꽃인 줄만 알았네.
별나라 모퉁이에 피었던 그 선명한 꽃이네.
꿈같은 우주 돌무덤에 피어나던 그 꽃이네.

비 오는 날

비 오는 날에는 버섯이 자랍니다.
비 오는 날에는 슬픔이 자랍니다.
버섯이 자라 버섯 우산이 됩니다.
슬픔이 자라 맑은 추억이 됩니다.
비 오는 날은 버섯이 밥 먹는 날.
비 오는 날은 슬픈 추억 씻는 날.

노인과 바다

늘그막에 어부가 된 친구가 요즘엔 바다에 가기 전에,
잠자리를 옳게 개어놓고 신발도 가지런히 정리한단다.
언제 닥칠지 모르는 폭풍과 파도의 소리 없는 부름에,
주춧돌을 만져보고 디딤돌이 되어서 바다에 나간단다.
육지에 오르면 다시 일상의 흰머리 노인이 되는 거고,
기약 없이 돌아오지 않으면 아직 바다에서 노는 거다.
이제 바다가 된 친구는 바다에서 살면서 바닷속에서,
뭍과 물의 거리를 보며 바다에게 자꾸 깊어져 간단다.
바다에 살면 늙어도 노인이 아니고 그냥 바다인 거야,
어부가 된 늘그막 친구가 포말 같은 흰머리를 묶는다.

문학산에서

한여름에는 나뭇잎들이 자라 건너편 청량산이 안 보인다.
한겨울에는 나뭇잎들이 져서 건너편 청량산이 잘 보인다.
내 속에 살아있는 한때의 임들이 보였다 안 보였다 한다.
청량산은 늘 거기 있는데 철 따라 보였다 안 보였다 한다.

제상

밥상에다가 술 한 병을 올려놓고 먹는다.
밥이나 술이나 다 같은 먹는 음식이니까.

술상에다가 밥 한 공기 올려놓고 먹는다.
술 따로 밥 따로 차리기도 번거로우니까.

배도 부르고 거나하니까 이 한밤이 좋다.
밥도 먹고 술도 먹고서 촛불이 흔들린다.

결국이라는 동토凍土

밑바닥이 뾰족뾰족한 결국이라는 나라에 가보았니.
봄바람도 뚝뚝 얼어 울다 미끄러지면 찔리는 나라.
낮이 비척이고 언덕은 쿨럭쿨럭 기침을 하는 나라.

끝내는 홀로 되는 결국이라는 그 나라에 가보았니.
하늘이 물렁해 고드름 같은 햇살이 떨어지는 나라.
장독 옆 꽃밭에 풀만 크는 그가 머물다 떠난 나라.

이름이 흩날린다

나는 꽃 이름도 잘 모르고 풀은 그냥 다 그 풀처럼 보였다.
얘는 누구더라 이름이 뭐였더라 알고도 금방 잊어버렸다.
풀이 흔들리면 햇살이 반짝인다 바람이 지나면 꽃이 핀다.
풍경을 쳐다보고 있으면 봄비야 첫눈아 이름이 흩날린다.

공든 탑을 쌓는다

바람을 잡으니 한 톨도 안 잡힌다.
모래가 손가락 사이로 빠져나간다.
염주알을 굴리며 여인이 지나간다.
손가락으로 공들여서 탑을 쌓는다.

| 제5부 |

상처

바지랑대로 옆집 뒷집 감들을 따 먹은 날이다.
밤이 되자 하늘 여기저기서 빛이 새어 나온다.
바지랑대로 찌른 곳마다 잔별들이 욱신거린다.

유효기간 권고사항

생수에도 생수병에 목숨 같은 유효기간이 찍혀 있습니다.
하늘 아래 땅 위 살아있는 모든 것은 유효기간이 있습니다.

사랑에는 식어 죽는다는 유효기간을 찍을 데가 없습니다.
유효기간 찍을 자리가 없는 것들은 제각각의 몫입니다.

세상에서 믿을 수 있는 건 보장한다는 유효기간뿐입니다.
유효기간이 지나간 시간 기억들은 되도록 폐기하십시오.

꽃밭에 앉아서

억겁의 시간 속에서 셀 수도 없는 별들이 뜨고는 진다.
천년의 별 뜨고 지는 거 운이 좋으면 한 번 보게 될까.
나는 밤마다 이미 타버린 어제의 별들만 바라보고 있네.

꽃씨가 떨어져 꽃이 되는 걸 봄여름가을 내내 바라다본다.
하루종일 꽃밭에 쭈그리고 앉아서 꽃이 지는 걸 본다.
허나 억겁의 시간 속에 나 피고 지는 걸 꽃은 보지 못하네.

구름이 울고 있네

길가에 떨어져 있는 개살구를 주워들고 갑니다.
젊어 많이 댕기쇼 일은 쪼깨만 하고 편케 사쇼.
지팡이를 짚고 가며 들려주는 말씀이 곰살궂다.
가만히 생각해보니 그 말씀 어머니 노래였네요.
바람벽 위에 개살구를 슬며시 놓고 돌아봅니다.
어머니 떠나가신 하늘가에 구름이 울고 있네요.

한약

할머니가 된 아내가 며느리에게 봉투를 건넨다.
우리 손주 한의원에서 한약 한 첩 지어 먹여라.
토씨 하나 안 틀린 말의 역사 꼬리를 쳐다본다.
먼별에서 텃밭 일구고 계실 어머니도 그러셨다.
허리춤 뒤져 아내에게 봉투 꺼내주시며 말했다.
우리 손주 한의원에서 한약 한 첩 지어 먹여라.

열대야

의식 있는 사람은 열대야를 열 개의 대야라고 말한다.
의지가 있는 사람은 열대야를 뜨거운 대야라고 말한다.

한낮의 뜨거운 바람이 대지에 스몄다가 밤새 올라온다.
열대 과일이 해의 더운 입김에 들판에서 쑥쑥 익어간다.

달이 달다

달이 달다고 달아 달아 노래하니 군침이 고인다.
한입 베어 문 사과부터 수박달까지도 다 달아라.
이태백이가 놀던 달 토끼가 방아를 찧던 달이다.
보름달이 하얀 젖가슴달이 혀 안에 달고 달아라.

다 와 가는 집

좁은 방에서는 아무것도 되지 못했지.
사실은 무엇도 하기가 되기가 싫었지.
저녁이면 창문을 열지 밤바람이 편해.
술이나 먹을까 더 친한 게 정말 없어.

좁은 방에서 뒹굴고 나가지도 않았지.
나갈 데도 없지만은 나가기도 귀찮아.
무엇이든 될 수 있었지 할 수 있었지.
낮잠을 자 이것보다 더 좋은 게 없어.

좁은 방에서 다 와 가는 집을 생각해.
더 좁은 방이 있는 작은 집으로 가네.
지붕이 크고 천장에 구름이 흘러가지.
여기서 빈둥대던 날들이 생각날 거야.

장미의 혁명

떨어졌던 장미꽃이 붉게 피는 것은 혁명이다.
붉은 장미꽃이 시들어서 지는 것도 혁명이다.
들에 살다 꽃밭에서 살아가는 것은 혁명이다.
꽃밭의 꽃이 꽃씨로 돌아가는 것도 혁명이다.
붉은 장미가 푸른 하늘을 사랑하면 혁명이다.

문장의 길

괄호를 열고 길을 가다가 괄호를 닫았다.
다시 되돌릴 수 없으면 마침표를 찍었다.
물음표가 빈번한 불확실한 나날들이었다.

뭐든 나와 섞은 사람들은 괄호에 가뒀다.
모든 괄호를 비번으로 꼭꼭 꽉꽉 잠갔다.
잠시 쉬면 불안한 방점이 어깨를 눌렀다.

마른 길에서 느낌 있는 나무들이 자란다.
괄호를 열고 괄호를 닫을 때가 좋았었다.
막다른 곳에 쉼표가 짝다리를 짚고 있다.

아무렇지 않게 늙다

이제는 말하지 않아도 아무렇지 않은 사이가 되었습니다.
몇 날 며칠 눈 감아도 아무렇지 않은 가슴이 되었습니다.
안 보아도 그런가보다 아무렇지 않게 구름이 지나갑니다.
피다가 피다 지다가 지다 아무렇지 않게 밤이 태어납니다.
어제나 오늘이나 이제는 아무렇지 않은 봄이 되었습니다.
아무것도 아니고 아무렇지 않은 붉은 노을이 되었습니다.

쳇바퀴

꽃들이 피고 지는 이야기를 수천 년째 하고들 있다.
바람을 잡으려고 수천 년째 빈 허공을 휘젓고 있다.
그럴듯한 날이 이어지며 수천 년 밤낮이 가고 있다.
그래도 각자 조금씩 달라서 다들 괜찮은 듯 보인다.
꽃이 피고 지는 걸 뒤뜰이 몇 수십 년째 보고 있다.
바람에 안 밀리려 늙은 항아리가 뒷짐을 쥐고 있다.

하늘 어머니

별이 하나도 없어 하늘나라 캄캄하네.
별들이 서로 손잡고 마을로 내려갔네.
마을은 잔칫집 은빛 별들이 만찬이네.
별들이 집을 나가 하늘은 걱정이라네.
하늘나라에 하늘 어머니 혼자 계시네.
별들이 무사히 놀다 오길 기다린다네.

|해설|

농담으로 그린 그림
― 이성필의 시세계

안성덕 | 시인

　사각의 링인 게 분명하다. 이건 이래서 힘들고 저건 저래서 어렵다. 세상은 날이 갈수록 힘에 부친다. 이력이 날 법도 하건만 어제도 오늘도 코너에 몰려 코피 터진다. 관성의 법칙은 인생길에는 적용되지 않나 보다. 오늘도 한 방은커녕 겨우 잽이나 날리며 전전긍긍한다. 누군들 멋들어지게 세상 때려눕히고 싶지 않으랴. 폼나게 휘파람 날리고 싶지 않으랴. 그러나 어제도 오늘도 컥컥 숨이 막혀 던질까 말까 수건만 만지작거린다. 이제 와 안다. 어퍼컷 스트레이트, 세상의 펀치 피할 수 없다는 것. 지친다. 다음

라운드 시작 전 한숨 돌려야 한다. 퉁퉁 부은 발, 신발 끈 풀고 식혀야 한다.

코미디언들은 임기응변에 능하다. 번개처럼 빠르게 머리를 굴린다. 몸으로 구르고 입으로 농치며 세상 건너는 법을 안다. 때론 정색하고 하는 훈계보다 한 꼭지 해학이 효과적일 때가 있다. 웃으며 뺨친다던가, 취한 척 급소를 치는 풍자가 제격일 때도 있다. 사각의 링 같은 세상 어찌 맨정신으로만 오를 수 있겠는가. 때론 농담 주고받으며 놀이하듯 살아야 하겠다. 호모 루덴스Hamo Ludens, 요한 하우징어Johan Huizinga가 '인간은 놀이하는 존재'라 정의했다. 인간은 생각하는 존재가 아니란다. 평생을 주먹질하며 살아내는 일이란 얼마나 불행한가. 숨 막히는 세월, 놀이하듯 때론 가볍게 농담 툭툭 던지며 건널 일이다. 아무런 걱정 없었던 유년처럼 놀다 보면 길이 보일 것이다. 유행가 가사가 아니라도 실없이 던지는 농담 사이에 철학이 있다. 색소폰 소리가 아니라 분명한 말씀이 들린다.

1. 진담

또 하루 낡았다. 오늘도 길을 나선다. 정신 번쩍, 찬물에 세수하고 옷깃을 여민다. 신발 끈 동여매어도 겁이 난다. 휙휙 달아나는 세상 혼자 건너려니 술이 위안이다. 나는 누구, 여기는 어딘지 도통 모르겠다. 꿈결인 듯 유년인 듯 어머니 아버지를 부른다. 세상과 세월의 법이 그러니 그렇게 살아야 한다고 뒤처지지 말라고 훈수하신다. 긴 후회 없는 짧은 반성으로 하루를 살겠다고 제법 철학적인 다짐을 한다. 언제 어디서든 하늘을 이고 있다는 걸 명심해야 한다. 한밤중에도 캄캄한 눈 부릅뜨고 누군가 지켜보고 있다는 것을 잊지 말아야 한다. 행여 참외밭에서 함부로 신발 끈 고쳐 매지 말고 자두나무 아래서 모자 고쳐 쓰지 말자. 아버지 그렇게 살다 가셨다. 길 아니면 가지 마라. 말 아니면 뱉지 마라. 어머니 그렇게 살다 가셨었다. 명심해라! 내가 나를 닦달한다. 정신 바짝 차리며 세상을, 세월을 잡으려 무진 애쓴다.

    달력이 없고 아침 점심 저녁만 있다면
    자고 나면 되풀이되는 아침 점심 저녁
    어제 어땠어요, 묻는 사람이 없는 세상

    시계도 없고 아침 점심 저녁만 있다면
    산책길을 기린처럼 천천히 걸을 텐데
    내일은 뭐 하세요, 질문도 안 하는 세상

    봄 여름 가을 겨울 계절 구분이 없다면
    꽃 피는 무더운 추운 오늘만 있는 세계
    〉

단지 명징한 아침 점심 저녁만 있어서
이별의 상처가 옆구리를 파고들지 않는
긴 후회는 없고 짧은 반성만 있는 하루

오롯이 환한 아침 점심 저녁만 있다면
다음에 라고 뿌리치는 말약속은 없겠지
아침 점심 저녁 세끼에만 집중하는 삶
　　　　　　　　　　　　　　　　　－「산책」 전문

쏟아지는 햇살의 편린들이 나를 어지럽혔어.
보도블럭 거리를 구름인 듯 푹푹 빠지며 걸었지.
밟히는 게 없는 물 위를 젖지 않으려고 버텼어.
오래된 미루나무는 하루종일 붕붕거렸지.

별 볼 일 없는 앙드레 지드는 도수 높은 안경을 썼지.
지워진다는 건 다행이야 죽기도 힘든 날이 가고 있어.
그리고 그렇게 그리고의 순간들 저만치서 여름비가 왔지.
나는 믿지 않았지 어떤이나 무슨이나 어쨌든으로.

피어나는 농담의 검은 점성이 몸을 물들이는 저녁.
동그란 탄성 포장 공원길을 나는 어지럽게 돌고 있어.
가끔 여기가 어딘지 모르겠어 우주 은하계 태양계.
지구 대한민국 인천 미추홀구 용현동 산59번지 맞나.
　　　　　　　　　　　　　　　　　－「10년·2」 전문

"조금씩 모자란 꿈만" 꾸고 "깨어나서도 꿈이 슬"(「꿈속에서 죽었다.」)픈 현대인들, 늘 "우리들의 간극은 팽팽하다(「팽팽하다」). "자고 나면 되풀이되는 아침 점심 저녁/어제 어땠어요, 묻는 사람" 하나 없다. 너나없이 내 눈앞이 전부다. "봄 여름 가을 겨울 계절 구분이 없"이 "꽃 피는 무더운 추운 오늘만 있"다. 꽃이 피지만 따사로운 봄날 아니라 무더운 추운 계절이라니, 꽃이 꽃이 아니라는 말이겠다. "이별의 상처가 옆구리를 파고들" 시간조차 없는 현실이 견디기 힘들다. 나는 나조차 낯설다. 나는 누구이며 여기는 어딘지 모르겠다. "우주 은하계 태양계,/지구 대한민국 인천 미추홀구 용현동 산59번지 맞나." 매일 자문하는 수밖에 없다. 어제도 오늘도 "밟히는 게 없는 물 위를 젖지 않으려고" "보도블럭 거리를 구름인 듯" 걷지만 "푹푹 빠"진다.

먼 우주 밖에서 누군가가
내 아내처럼 심심하게
tv 채널을 이리저리 돌리고 있다.

어느 해 여름, 산빛에 물든 마을 어귀에
늙은 미루나무 한 그루도 젖어 들고 있었는데
어디서 본 듯한 풍경이었다.

어젯밤, 왁자하게 술판이 깊어 가는데
술김인지 모르겠지만 그 상황

언젠가 있었던 일 같았다.
먼 우주 밖에서
언뜻 보니 아이인데
게임하듯 나를 요리조리 보고 있다.

그러다가 이크, 나랑 눈이 마주쳤는데
혹, 저 녀석 엄마한테 혼날 것 같아서
내가 모르는 척 슬쩍 눈을 돌린다.
─「리와인드rewind」 부분

밥상에다가 술 한 병 올려놓고 먹는다.
밥이나 술이나 다 같은 먹는 음식이니까.

술상에다가 밥 한 공기 올려놓고 먹는다.
술 따로 밥 따로 차리기도 번거로우니까.

배도 부르고 거나하니까 이 한밤이 좋다.
밥도 먹고 술도 먹고서 촛불이 흔들린다.
─「제상」 전문

　"늙은 미루나무 한 그루도 젖어"드는 "어디서 본 듯한 풍경이"다. "먼 우주 밖에서" "게임하듯 나를 요리조리 보고 있"는 아이와 "눈이 마주"친다. 그런데, 그런데 녀석이 엄마한테 혼나고 있는 유년의 나만 같다. 슬쩍 눈을 감는 나, 현실이 두렵고 무서워 어머니 아버지를 부르며 옛날을 꿈꾼다. 전쟁터 같은 세상 날마다 날마다 제삿날만 같다. 불안한 저녁, 돌아와 식탁에 앉아 "밥상에다가 술 한 병 올려놓고 먹는다./밥이나 술이나 다 같은 먹는 음식이니까.//술 따로 밥 따로 차리기도 번거로우니까." 한잔 두잔 먹다 보니 꼭 내가 제상을 받는 것만 같다. 얼큰한 눈에 "촛불이 흔들린다." 사는 일 사각의 링 같은 게 어제 오늘 일이랴. 피 터지며 살아가는 일생 아니랴. 나라를 구하는 일만 어디 혁명이랴. "떨어졌던 장미꽃이 붉게 피는 것"(「장미의 혁명」)도 혁명이다.

2. 농담

신발이 작다고, 신발이 찢어졌다고 울고 앉아 있을 수만은 없다. 저만치 앞서가는 자, 꽃보다 환하게 웃고 있는 자 그 누구인들 힘 안 드는 이 있으랴. 금수저 부러워 말고 흙수저 원망하지 말 일이다. 핑계를 위한 핑곗거리 만들지 말아야 한다. "힘들 때 웃는 자가 일류다."라고 했다. 힘들어 못 웃었다면 잠시 숨 고르고 웃으면 된다. "늦었다고 할 때가 가장 빠른 때"란다. 챨리 채플린Charlie Chaplin의 말대로 "인생은 멀리서 보면 희극이고 가까이서 보면 비극이다." 그렇다면 인생 가까이만 보지 말자. 진지하지만 말자. 때론 아닌 척 뻥뻥 큰소리도 치자. 취한 척 흐느적거리며 못 들은 척 얼버무리자. 그냥 우스개면 어떡하랴. 여백 없는 인생은 답답하고 숨통이 막힌다. 쉼표 없는 세월은 발병만 남는다. 죽자 살자 농담이다.

주택복권이 있었다.
아버지는 매주 한두 장씩 샀다.
빠지지 않고 사도,
복 없이 늘 꽝이었다.

그래도 열심히 살아서,
집 한 채는 마련했는데.
아들이 사업 담보로 말아먹었다.
인생도 꽝이었다.

추석 전날,
아버지 계신 곳에 갔다.
예약 순서대로 들이는 봉안당.
딱 눈높이로 들어앉으신 아버지.

그 로열층에,
누가 다녀갔는지.
꽃 두 송이 달려 있다.
나도 꽃 한 송이 달았다.

로열층에 집도 당첨되고,
꽃에 가려 얼굴도 잘 안 보이고,
아버지, 죽어 성공하셨네.

살아 못 이룬 꿈 쾅, 이루셨네.
　　　　　　　　　　　－「꽝이거나 쾅이거나」 전문

시계도 전화도 귀해 첫눈 오는 날에
역전 시계탑 앞에서 만나자던 약속.

하얀 그리움은 어디에서 죽었나.
하얀 날들이 가고 햇볕 뜨거운 날.

들여다보는 핸드폰에 당신들의 이름.
누르면 천만리라도 달려갈 번호들.

생각 없이 술 한잔하자고 나의 생을
쪼개 달라고 할 사람이 있으면 좋겠다.
　　　　　　　　　　　－「시계는 없어도 산다」 부분

너나없이 꽝이다. 아버지 인생도 별수 없었다. 별수 없는 인생들이 매주 별 수를 바라고 복권을 산다. 꽝일 줄 뻔히 알면서 산다. 쾅! 벼락 맞을 확률보다 낮다는 복권을 사서 버린다. 울분을 찢는다. 알탕갈탕 마련한 평생의 집 한 채, "아들이 사업 담보로 말아먹었다." 그 아들이 추석 전날 아버지 계시는 봉안당에 갔다. 꽃 한 송이를 받친다. 생전 '꽝 인생' 아버지가 "로열층에 집도 당첨되"셨다고 농을 한다. 아프다. 꽃에 가려 아니 눈물에 가려 아버지 얼굴이 어른거린다. 부전자전이다. 죽어 쾅, 복권 아닌 봉안당 로열층에 당첨되신 아버지를 축하(?)한다. 대놓고 후회하면, 효자 흉내를 내면 신파다. 분명 낮술에 취했을 터다. 생전의 불효를 퉁 치려는 저 능청이 안쓰럽다. "그래도 열심히" 산 아버지를 닮은 자식 인생 분명 꽝은 아닐 터다. 그래, "역전 시계탑 앞에서 만나자던 약속" 시계가 없어 내가 못 지켰듯이 행운도 시계가 없어 아직 내게 오지 못했을 것이다. "생각 없이 술 한잔하자고" 내가 나를 부른다.

>어제 엘리베이터가 고장 나서 아내랑 갇혔다.
>오늘도 그 엘리베이터를 타고 아내에게 말했다.
>오늘도 갇히면 우리 운명이다.
>운명은 아니야.
>그래, 운명은 아니고 인연이다.
>뭐, 이년이라고.
>진담처럼 농담을 했다.
>농담 같은 진담을 했다.
>
>―「엘리베이터」 부분

>신발이 찢어져서 맨발로 걷습니다.
>가슴이 찢어지게 아픈 돌길입니다.
>산새도 나무도 바람도 슬피 웁니다.
>비 오는 산길에 어쩌다가 어쩌다가.
>신발을 둘러메고 산길을 걷습니다.
>돌 같은 후회가 가슴에 무겁습니다.
>어쩌다가 어쩌다가 죄를 샀을까요.

어쩌다가 어쩌다가 발이 됐을까요.

—「어쩌다가」 부분

  아내랑 같이 있는 시간이 많지만 늘 따로다. "엘리베이터가 고장 나서 아내랑 갇혔다./오늘도 그 엘리베이터를 타고서 아내에게 말했다./오늘도 갇히면 우리 운명이다." 미안하고 고맙다는 최상급 표현일 테다. "인연"이라는 농담을 아내는 또 "뭐, 이년이라고/진담처럼 농담을" 한다. 더 이상 무슨 위로가, 사랑의 말이 필요하랴. 함께 있으면 감옥이라도 좋겠다는데……. 세상 누구의 인생길도 마냥 평탄치만은 않다. 신발이 작든지 찢어지든지 사달이 나고 만다. 대개 가슴이 찢어지게 아픈 돌길을 간다. 종국엔 찢어진 "신발을 둘러메고 산길을 걷"는다. "돌 같은 후회"가 무겁다고 결코 포기할 수 없는 인생이라는 은유겠다. 찢어진 신발을 둘러메고 인생길을 가는 우화 같은 인생이다. 비틀거리는 발자국 "아무도 따라오지 못하게" "내가 지나간 길에는 풀"(「풀이 자란다」)이 덮을 것이다.

3. 농반진반

  짜장면을 먹을까, 짬뽕을 먹을까 고민하지 말란다. 짜장면도 맛있고 짬뽕도 맛있다는 말이다. 짬짜면, 둘 함께 먹어야 더욱 맛있다는 말이겠다. 농반진반 고도의 전략, 전술이다. 틀에 박힌 뻔한 진담에 진절머리 날 때쯤 툭 농

한마디 던진다. 그 농으로 진담은 더욱 진담이 된다. 그러나 농이 길어지면 실없어진다. 행여 실없어질세라 진하게 먹물을 찍는다. 그 붓질로 세상은, 시는 더욱 선명하고 또렷해진다. 살아보니 알겠다. 때론 현미경이 또 때론 망원경이 필요하다. 가까이 보면 비극이라는 인생, 멀리서 봐야 희극이라는 인생, 현미경과 망원경 바꿔 들며 때로는 진지하게 때로는 허투루 건너간다. 진담만 들으면 식은땀 나고 농담만 들으면 진땀난다. 농반진반, 물리적 중간을 잡자는 말 아니다. 명석한 코미디언처럼 임기응변이다. 즐겁다. 好之者不如樂之者(호지자불여락지자)라 했다.

    식탁에 국화꽃이 웃고 있다.
    축제 마치고 막 온 꽃들.

    향기가 너무 짙었나.
    아내가 그 앞에서 꾸벅꾸벅 존다.

    국화는 국화인데
    국화인데 국화는

    노랑꽃 국화 보라색 국화에
    내년에도 아내는 저렇게 졸겠지.

    아내가 가져다 놓은 맑은 잔치에

나는 하늘하늘 젖는다.
                                    ―「국화주」 전문

꽃이 좋아 옷을 갈아입고 아이를 두고 집을 닫고 나온다.
어제저녁엔 풍도바람과 오늘은 동강할미와 사랑을 한다.

-중략-

꽃이 손 흔들며 불러서 새들이 자꾸 날아가 기차를 탄다.
새와 꽃들 사는 강으로 산과 들로 밭두렁 속으로 깃든다.
집으로 돌아와 몸에 묻은 꽃과 새를 털고 옷장을 펼친다.
                                    ―「옷을 갈아입는다」 부분

억겁의 시간 속에서 셀 수도 없는 별들이 뜨고는 진다.
천년의 별 뜨고 지는 거 운이 좋으면 한 번 보게 될까.
나는 밤마다 이미 타버린 어제의 별들만 바라보고 있네.

꽃씨가 떨어져 꽃이 되는 걸 봄여름가을 내내 바라본다.
하루종일 꽃밭에 쭈그리고 앉아서 꽃이 지는 걸 본다.
허나 억겁의 시간 속에 나 피고 지는 걸 꽃은 보지 못하네.
                                    ―「꽃밭에 앉아서」 전문

 식탁에 웬 국화? 국화는 흔히 조화로 쓰이지 않던가. 국화주 한 잔에 하루를 봉하는 걸 늦게야 알겠다. 하루를 열심히 산 아내가 "그 앞에서 꾸벅꾸벅 존다." "노랑꽃 국화 보라색 국화에/내년에도 아내는 저렇게 졸겠지." 중얼대는 농 속에 진담이 들어있다. 차마 혼자 두고 들어가지 못하는 아내도 맑고 술도 맑겠다. 무슨 꽃바람일까. "꽃이 좋아 아이를 두고 집을 닫고 나온다." 어디쯤일까. "새들이 자꾸 날아가 기차를 탄다." 고단한 현실 속 상상일 수 있겠으나 꽃은 피고 새들은 난다. 기차 타고 가는 꽃구경이 즐겁다. 이쯤에서 인생을 생각한다. 마냥 좋을 것만 같은 꽃밭에 앉아 "억겁의 시간 속에" 뜨고 지는 별을 생각한다. 길어야 백 년인 인생을 생각한다. 꽃이 또 꽃이 되는 윤회를 생각한다. 나는 또 언제 오나, 올 수는 있나 생각한다. 꽃처럼 새처럼 가볍게 외우는 삶과 인생의 비의가 깊다. "바다에 가기 전에,/잠자리를 옳게 개어놓고 신발도 가지런히 정리"(「노인과 바다」)하는 어부 친구처럼 피는 꽃이 아니라 지는 꽃에 눈을 준다. 아무리 움켜쥐어도 손가락 사이로 **빠져나가는** 게 인생이다. "밤마다 이미 타버린 어제의 별들만 바라보고 있"는 우리들, 움켜쥐어도 "모래가 손가락 사이로 **빠져나**"가지만 또 "염주알을 굴"린다. "공을 들여 탑을 쌓는다."(「공든 탑을 쌓는다」).

강한 자가 살아남는 게 아니라 살아남는 자가 강하단다. 주어진 경기장 정해진 트랙을 돌고 도는 평생이다. 정색하고 반듯하게만 살려 하면 숨이 막힌다. 때론 조인 넥타이

풀어 헤치고 숨통을 튼다. 또 때론 세상도 잠든 깊은 밤 혼자 꺼이꺼이 소주잔 홀짝거리기도 한다. 남들 진지하고 논리적이고 이성적으로 앞서갈 때, 모른 척 아닌 척 뒤따르며 숨 몰아쉰다. 같이 갑시다, 내 손 좀 잡아주세요, 농담하며 숨 고른다.

어디 말에만 농담 있으랴. 시 속에만 해학과 풍자 있으랴. 그림에도 농담이 있다. 사는 일 어쩌면 한 편의 시에, 한 폭 그림에 나를 은유하는, 그려 넣는 일이겠다. 어찌 긴 세월 바른말(?)만 옳은 말만 하며 살아내랴. 어찌 한 폭 가득 채워 넣고 숨 막혀 살아가랴. 여백은 붓 없어 먹물 없어 비워 둔 자리 아니다. 부러 작심하고 비워 둔 숨구멍이다. 어디 먹물 모자라 희미하게 그렸으랴. 붓털 다 빠져 먹물 안 묻었으랴. 농담弄談과 농담濃淡, 백 번 머리 굴려 한 줄 얻은 거다. 천 번 생각하고 한 획 그린 거다.

농담이 있어야 웅변이 더 분명해진다. 희미한 데도 있어야 실체가 더 확실해진다. 글이든 그림이든 서로를 치켜세우는 '농'과 '담'. 세월을 살아본 사람만 쓸 수 있는 시다, 그릴 수 있는 그림이다. 한평생 뭐하며 놀다 갈까? 한 권 시집 속에서 뭘 하고 놀까? 노는 것도 놀아본 사람만이 할 수 있다. 겨우 사흘 놀고 심심해 죽겠다는 사람이 있고,

평생을 놀아도 재밌어 죽겠다는 사람이 있다. 고단한 세상, 물리지 않게 세상을 건너는 방법은 농담이다. 때론 농으로 때론 담으로 채워 넣는 거다. 이성필 시인의 두 번째 시집, 칠십 시편이 살이 되어 동그랗게 바퀴를 만든다. 탄탄하게 세상을 굴린다.